VERBETER UW BEDRIJF DOOR KAIZEN

Kleine veranderingen, grote beloningen

VERBETER UW BEDRIJF DOOR KAIZEN

Kleine veranderingen, grote beloningen

geschreven door Antoine Delers
vertaald door Nikki Claes

50MINUTES.com

VERBETER UW BEDRIJF DOOR KAIZEN

BELANGRIJKE INFORMATIE

- **Namen:** Kaizen, continue en incrementele verbetering.

- **Gebruik:** deze aanpak wordt hoofdzakelijk gebruikt in het bedrijfsleven en heeft tot doel de kwaliteit van de output in een productielijn te verbeteren door kleine veranderingen in de werkmethode aan te brengen. De methode kan ook worden toegepast in het dagelijks leven, omdat deze kleine en goedkope verbeteringen mogelijk maakt.

- **Waarom is deze methode succesvol?** Kaizen, waarbij alle diensten en alle werknemers binnen een bedrijf betrokken kunnen zijn, heeft zijn doeltreffendheid bewezen, omdat het de gebruikers in staat stelt de productiviteit en de productkwaliteit te verbeteren door de wachttijden te verkorten en het productieproces te optimaliseren. Op grotere schaal verbetert het de arbeidsomstandigheden in het bedrijf.

- **Trefwoorden:**

  - <u>Voortdurende verbetering</u>: dit concept wordt mogelijk gemaakt door het gebruik van instrumenten en methoden die steeds efficiënter worden en beter zijn afgestemd op de activiteit van het bedrijf.

Deze instrumenten en methoden worden voortdurend herzien en geoptimaliseerd, wat leidt tot kleine veranderingen en nieuwe beste praktijken.

- Lean management: een Japanse werkmanagementmethode die erop gericht is verspilling (*muda*), werkoverbelasting door inadequate processen (*muri*) en inconsistentie (*mura*) in een bedrijf te verminderen.

- Toyota Production System: een Japanse algemene werkorganisatiemethode die gericht is op het maximaliseren van de kwaliteit, het verminderen van defecten en verspilling en het initiëren van voortdurende verbetering in het bedrijf. Dit type werkorganisatie omvat *lean manufacturing* en Kaizen.

INLEIDING

Kaizen verscheen voor het eerst in Japan in de jaren 1950 toen een ingenieur, Taiichi Ohno (1912-1990), het Toyota Production System creëerde, een soort arbeidsorganisatie gebaseerd op kostenverlaging in combinatie met een verbeterde productiviteit en productkwaliteit. Het Toyota Production System omvat een reeks hulpmiddelen om vooraf vastgestelde doelstellingen inzake kwaliteit, winstgevendheid en kostenvermindering te bereiken. Deze omvatten just-in-time manufacturing en Kaizen.

DEFINITIE VAN HET MODEL

Kaizen is een aanpak van voortdurende verbetering die kan worden toegepast op een productielijn. Het Japanse woord *Kai* betekent "verandering" en het Japanse woord *Zen* betekent "goed" of "beter". Kaizen is gebaseerd op de voortdurende aanpassing van bestaande instrumenten en procedures om de uiteindelijke output te verbeteren. Deze aanpak, die de deelname van alle werknemers en managers vereist, wordt meer beschouwd als een geestesgesteldheid dan als een echte methode. Het omvat verschillende andere hulpmiddelen die samen kunnen worden gebruikt, zoals PDCA, Total Quality Management en Single-Minute Exchange of Die.

Kaizen vindt zijn oorsprong in Azië en vormt een breuk met het westerse systeem, in die zin dat het gericht is op kleine verbeteringen in plaats van grote innovaties. De veranderingen zijn klein en continu en vergen daarom geen grote investeringen. Deze aanpak wordt vooral toegepast in organisaties waar een cultuur heerst van saamhorigheid. Deze saamhorigheid is typisch voor Japanse bedrijven. In dergelijke bedrijven deelt iedereen, van de CEO tot de gewone werknemer, dezelfde loyaliteit en hetzelfde gevoel van verbondenheid met het bedrijf. Bijgevolg streven zij ernaar hun werk zo goed mogelijk uit te voeren en het daarom voortdurend te verbeteren. Dit concept van werk heeft bijgedragen aan het enorme succes van Toyota.

THEORIE

OORSPRONG

Aan het einde van de Tweede Wereldoorlog (1939-1945) was Japan verwoest en lag zijn economie in puin. Zijn systeem, dat voorheen gebaseerd was op territoriale verovering en de macht van zijn leger, had zijn relevantie verloren. Japan besloot de productie te gebruiken om zijn economie nieuw leven in te blazen.

Een ingenieur uit die tijd, Taiichi Ohno, kwam toen met een nieuwe methode om het werk te organiseren en zette de basisprincipes ervan uiteen. Deze methode werd bekend als het *Toyota Production System*, vernoemd naar het bedrijf waar het systeem voor het eerst werd ingevoerd. Dit systeem wordt beschouwd als een verbetering van het Taylorisme en het Fordisme, twee Amerikaanse werkorganisatiemethoden die eerder voor verbetering dan voor vernieuwing staan.

De originaliteit van Kaizen ligt in de algemene betrokkenheid van de hele onderneming, van de werknemers tot de procedures die nodig zijn voor de vervaardiging van producten. Elk lid moet deelnemen aan de uitvoering van elementen die tot doel hebben het bedrijf te verbeteren en die vooraf zijn gedefinieerd. Kaizen houdt vaak in dat kleine groepen werknemers de kans krijgen samen te komen om terugkerende problemen te identificeren en er oplossingen voor te vinden. Ook wordt voorgesteld "ideeënbussen" op te zetten (denk bijvoorbeeld aan een brievenbus in de fabriek) om de werknemers in staat te stellen hun mening te geven, de verschillende bestaande problemen te belichten en oplossingen voor te stellen. Als een idee relevant wordt geacht, wordt het onderwerp van een project toevertrouwd aan een team dat belast is met de uitvoering van de nieuwe praktijken.

Tenslotte mag niet worden vergeten dat, zoals de vertaling aangeeft, Kaizen voortdurend moet worden herhaald om goed te functioneren. Deze methode vergt geen grote investeringen en levert slechts kleine verbeteringen op die, wanneer zij in de loop der jaren worden geoptimaliseerd, de onderneming in staat stellen concurrerend te blijven en te streven naar voortdurende verbetering.

 ## HET KAIZEN INSTITUTE

Het Kaizen Institute is een adviesbureau dat in het midden van de jaren tachtig is opgericht. Het helpt en begeleidt bedrijven die hun prestaties willen verbeteren. Zo ondersteunt het klanten bij hun continue verbeteringsprojecten en ontwikkelt en publiceert het tegelijkertijd bronnen over nieuwe aspecten van de methode.

TOEPASSINGEN IN HET BEDRIJFSLEVEN

Zodra Kaizen wordt toegepast in werkgroepen, wordt het een echt teamproject. Suggestieboxen en wekelijkse vergaderingen worden ingesteld. Daarnaast stelt de methode ook voor beloningen aan te bieden aan de werknemers die met de beste ideeën komen. Men mag echter niet vergeten dat Kaizen geen op zichzelf staande methode is, aangezien zij met andere instrumenten moet worden gecombineerd om te kunnen werken.

Kaizen wordt gebruikt in:

- **Kwaliteitsbeheer.** Dit is gericht op het verbeteren van de kwaliteit in de productielijn, wat essentieel is om de concurrentie voor te blijven en klanten te binden. Bij Total Quality Management (TQM), gebruikt door de Kaizen-aanpak, zijn alle werknemers betrokken bij het proces om een bijna perfecte kwaliteit, bekend als zero defects, te bereiken. Er wordt gestreefd naar voortdurende verbetering van de output, zelfs als het oorspronkelijke instrument al doeltreffend is.

 ## WAT IS DE NULFOUTENMETHODE?

De nulfoutenmethode pleit voor de totale kwaliteit van producten, zonder gebreken. In werkelijkheid is het niet haalbaar om geen gebreken te hebben. Het echte doel is een cultuur te ontwikkelen waarin werknemers voortdurend op zoek zijn naar een manier om perfectie te benaderen. Dit concept maakt zelf deel uit van een breder concept: de vijf nullen, namelijk nul tijd, nul papier, nul voorraad, nul defecten en nul mislukkingen.

- **Het verbeteren van de productiviteit.** Kaizen kan ook worden toegepast op het niveau van productiviteits-verhoging. Een productieketen kan op verschillende plaatsen blokkades bevatten, onproductieve posities of te trage productielijnen. In dergelijke gevallen kunnen verschillende hulpmiddelen worden gebruikt. SMED (Single-Minute Exchange of Die), afgeleid van het Toyota Production System, is er een van: het beoogt de tijd die nodig is om de kalibratie en het gereedschap voor de vervaardiging van een ander product te veranderen, te beperken. Dit resulteert in een Kaizen-aanpak, aangezien de verbetering van de productiviteit een gezamenlijke diepgaande reflectie in de teams vereist, om dit soort operaties te analyseren en te stroomlijnen. Een ander instrument, just-in-time manufacturing (JIT), kan ook worden gebruikt. Bij deze methode moet elk onafgewerkt product worden voltooid en moet elk stuk op het juiste moment en op het juiste punt in de productielijn aankomen. Dit voorkomt productiestilstand bij het ontbreken van onderdelen en voorkomt dat grote hoeveelheden onderdelen op productie wachten.

- **Verbetering van de arbeidsomstandigheden.** Kaizen maakt het mogelijk de arbeidsomstandigheden van werknemers en werkneemsters te verbeteren, met name door hun werkomgeving te optimaliseren. Deze verbetering hangt nauw samen met de vorige toepassingen, omdat de veranderingen van de werkplekken vaak de productiviteit en de kwaliteit beïnvloeden – en verbeteren. Bovendien stelt deze aanpak bedrijven in staat hun teams beter te motiveren en het risico van ongevallen te verminderen. De 5S-methode komt hieraan tegemoet, omdat deze methode rechtstreeks op de werkplek van de werknemers kan worden toegepast: *Seiri* ('sorteren'), *Seiton* ('op orde brengen'), *Seisou* ('schitteren'), *Seiketsu* ('standaardiseren') en *Shitsuke* ('volhouden').

- **Kostenvermindering.** De laatste toepassing van Kaizen betreft de vermindering van de productiekosten. Deze kostenvermindering is het resultaat van de verbeteringen die dankzij een van de drie bovengenoemde toepassingen van de methode zijn bereikt.

VOORDELEN

Kaizen heeft vele voordelen. Naast de eerder genoemde die de essentie van de Kaizen-aanpak vormen, namelijk verbeteringen in kwaliteit, productiviteit en arbeidsomstandigheden, heeft de methode ook andere sterke punten.

- Het gebruik van Kaizen maakt een soepele implementatie van veranderingen binnen teams mogelijk. Leden van een bedrijf worden niet onder buitensporige druk gezet in verband met veranderingen, aangezien het initiatief voor deze veranderingen meestal van de werknemers zelf komt. Zij worden daarom gemakkelijker geaccepteerd en de werknemers, die zich gewaardeerd voelen, zijn meer gemotiveerd om ze in praktijk te brengen.

- Verbeteringen aan werkplekken verhogen de motivatie van de betrokken teams. Deze nieuwe uitbarsting van enthousiasme kan worden overgebracht dankzij een nieuwe sessie van Kaizen betreffende verbeteringsreflecties. Kaizen betekent "voortdurend" verbeteren, dat vereist dat de reflecties om processen en producten te perfectioneren elke dag worden uitgevoerd.

- Kaizen zorgt voor snelle resultaten. De teams, die de kleine verbeteringen rechtstreeks testen, verifiëren sneller hun relevantie, zodat het risico bij de invoering van een nieuwe machine of van nieuwe software zeer laag is.

- Tenslotte kan Kaizen inspelen op de concurrentie en dus op de vraag naar concurrentievermogen in bedrijven en dat alles zonder gebruik te maken van aanzienlijke middelen of enorme investeringen.

> *"Verbeteren is veranderen; perfect zijn is vaak veranderen." (Winston Churchill)*

PRAKTISCHE TOEPASSING

Samen bekend als het "Kaizen-project", worden de verschillende uitvoeringsfasen van het proces mogelijk gemaakt door het gebruik van instrumenten die verband houden met Kaizen en afkomstig zijn van het Toyota Production System (TPS). De meeste daarvan zijn al genoemd, maar andere zullen bijdragen tot het opzetten van het hieronder geschetste project.

Een Kaizen-project is een enkele en zeer korte verbeteringscyclus die na voltooiing voortdurend moet worden herhaald. De duur kan variëren van enkele dagen tot een maand werk, afhankelijk van de complexiteit van de gewenste verbeteringen en implementaties. Daarom moet elk project snel op een ander volgen. Daarnaast is het mogelijk dat er meerdere projecten tegelijk plaatsvinden.

FASE 1: VOORLOPIGE ANALYSE

In deze eerste fase wordt een voorafgaande analyse van de situatie uitgevoerd, met als doel de verbeterpunten naar voren te halen. Deze kunnen uiteraard een van de hierboven beschreven problemen zijn, maar zijn daartoe niet beperkt. Kaizen richt zich op het optimaliseren van procedures, zelfs als deze goed lijken te functioneren, om ze nog efficiënter te maken. Om de oorzaken vast te stellen die de teamleden verhinderen de kwaliteit van "zero defects" te bereiken, kan het van belang zijn om het Ishikawa-diagram te gebruiken, zoals hieronder geïllustreerd.

ISHIKAWA DIAGRAM

Het Ishikawa diagram, ook wel het oorzaak-gevolgdiagram, het 5 M-model of het visgraatdiagram genoemd, is een instrument voor kwaliteitsbeheer dat kort na de Tweede Wereldoorlog door Kaoru Ishikawa werd geïntroduceerd. Het geeft een visuele weergave van de hoofdoorzaken van een probleem in vijf takken: materiaal, methode, moedernatuur, machine en mankracht.

Zodra de oorzaken en verbeterpunten zijn vastgesteld, moet een gedetailleerd overzicht van de huidige situatie worden opgesteld (aan de hand van maatregelen, referentiecijfers, enz.) om deze te vergelijken met de resultaten die na de verandering zijn verkregen. Het is uiterst belangrijk na te gaan of de in de procedures aangebrachte verbeteringen succes hebben, ook al is de winst soms minimaal. Afhankelijk van het nagestreefde doel kan het volgende worden gemeten:

- **De duur van een procedure.** In dit geval kan het gaan om de tijd die nodig is om een product te vervaardigen of om een product of dienst te leveren (bijvoorbeeld een maaltijd in een restaurant) die wordt bestudeerd.

- **Geproduceerde hoeveelheden.** Hier ligt de nadruk op het aantal vervaardigde producten. Deze maatstaf wordt berekend over welbepaalde tijdsintervallen.

- **Tevredenheidscijfers.** Of het nu gaat om werknemers in hun werk, klanten met betrekking tot hun bestellingen of andere belanghebbenden in het proces, de tevredenheid wordt gemeten vóór én na het Kaizen-project.

- **Afgekeurde producten.** Dit zijn het afvalpercentage en het aantal afgedankte producten (producten met ontwerpfouten die verouderd zijn of tijdens de ontwerpfase zijn beschadigd).

- **Kosten.** Hier wordt de kostprijs van een product geanalyseerd.

Ten slotte wordt een operationeel plan van het Kaizen-project uitgevoerd. Gezien het korte tijdsinterval tussen het begin en het einde van Kaizen – het moet relatief snel worden afgerond – kan deze activiteit worden geminimaliseerd (in één of meer afdelingen of productielijnen). Dit kan worden vergeleken met de agile-methoden voor ontwikkeling en projectbeheer, die bestaan uit een opeenvolging van zeer korte cycli die elkaar met korte tussenpozen opvolgen en die een snelle blik op de tussenresultaten bieden. Bijgevolg kunnen bepaalde fasen van het project, zoals de gedetailleerde opstelling van het Kaizen-plan, als overbodig en te tijdrovend worden beschouwd.

FASE 2: WERKGROEPEN EN KWALITEITSKRINGEN KIEZEN

De tweede fase van het Kaizen-project beoogt de opleiding en voorbereiding van de teams die aan het project zullen werken. Hoewel alle werknemers tenminste enigszins bij de verbetering betrokken moeten zijn, is het aanwijzen van een projectteam dat verantwoordelijk is voor het goede verloop van het project essentieel.

De Kaizen-filosofie gaat ervan uit dat werknemers die direct aan de productielijn en het product werken, aan het project deelnemen, omdat zij het meest betrokken zijn en vaak het beste de ins en outs van hun werk kennen. Aangezien dit de mensen zijn die het best in staat zijn ideeën voor verbetering te vinden, zullen zij de Kaizen-doelstellingen effectief bereiken, namelijk het snel vinden van manieren om het proces te perfectioneren om zo weinig mogelijk kosten te genereren. Sommigen verkiezen misschien teams van externe consultants en ingenieurs in te schakelen om de efficientie te verbeteren, maar dat beantwoordt helemaal niet aan de Kaizen-mentaliteit.

Daarom wordt een projectteam aangesteld en opgeleid in personeelsbeheer en veranderingsmanagement. Het team is verantwoordelijk voor het succesvol uitvoeren van het Kaizen-project door het organiseren van kwaliteitskringen, d.w.z. groepen werknemers die bijeenkomen voor een brainstormsessie om ideeën voor het verbeteren van procedures naar voren te brengen en te bespreken. In dit verband kan een mindmap worden gebruikt om hun gedachten en voorgestelde oplossingen op een visuele en eenvoudige manier te presenteren.

FASE 3: UITVOERING EN BEREKENING VAN DE RESULTATEN

De derde stap is de uitvoering van het Kaizen-project. De teams passen direct de veranderingen toe die nodig zijn om de procedures te verbeteren. Net als de eerste twee gaat deze fase zeer snel, omdat het vaak om kleine veranderingen gaat.

Vervolgens worden de eerder (in de eerste fase) verzamelde maatregelen opnieuw beoordeeld. Het is belangrijk om de ontwikkeling en het effect van de veranderingen te meten en ze eventueel aan te passen. Er kan een overzicht van de veranderingen worder gemaakt om de resultaten van de doorgevoerde veranderingen gemakkelijk te kunnen vergelijken met wat oorspronkelijk gepland was.

FASE 4: TERUGKOPPELING

Zodra de verbeteringen zijn aangebracht, is het tijd voor feedback. Het team komt opnieuw bijeen en beoordeelt het algemene resultaat op basis van de waargenomen resultaten. Twee cruciale punten moeten ook in aanmerking worden genomen:

- **Beloningen voor de beste werknemer.** Het is belangrijk om de medewerkers die de beste bijdragen hebben geleverd te benoemen en te feliciteren. Het idee is om de teams te motiveren weer in de Kaizen-cyclus te stappen door hen aan te moedigen zichzelf voortdurend te overtreffen, zowel om hun werk te verbeteren als om zich op professioneel niveau gewaardeerd te voelen.

- **Veranderingsmanagement.** Het team dat verantwoordelijk is voor het succes van het project moet communiceren en de werknemers begeleiden, zodat zij over alle elementen beschikken om de implementatie tot een succes te maken.

BEHEER VAN VERANDERINGEN

Veranderingsbeheer omvat alle managementpraktijken die het mogelijk maken veranderingen binnen een bedrijf op alle niveaus van de hiërarchie te volgen en optimaal te communiceren. Deze ondersteuning is essentieel om iedereen in staat te stellen de nieuwe veranderingen te aanvaarden. Daarnaast worden zij eraan herinnerd dat, in het geval van Kaizen, de teams zelf hebben deelgenomen aan de verbeteringen; zij zullen de veranderingen dus gemakkelijker aanvaarden.

BELANGRIJKSTE INSTRUMENTEN EN METHODEN IN KAIZEN

Er zijn vele hulpmiddelen en methoden die bij de Kaizen-aanpak kunnen worden gebruikt. Wij beperken ons hier tot de hulpmiddelen en methoden die voortkomen uit het Toyota Production System in het algemeen.

- **SMED** (Single Minute Exchange of Die) is een hulpmiddel om veranderingen in kalibratie of gereedschap te analyseren. Het stelt de gebruiker in staat de tijd te bestuderen die nodig is om voor elke productiefase van gereedschap te wisselen en deze te beperken tot maximaal 10 minuten (de term "single minute" betekent "een tijdsperiode in minuten bestaande uit één cijfer", d.w.z. tussen één en negen minuten). Het doel is de productie van verschillende producten of materialen – met verschillende kenmerken, met name wat de afmetingen betreft – terwijl dezelfde machine gebruikt blijft worden, die dus opnieuw gekalibreerd moet worden.

- **De 5 S-methode, die** bestaat uit *Seiri* ('sorteren'), *Seiton* ('op orde brengen'), *Seisou* ('schitteren'), *Seiketsu* ('standaardiseren') en *Shitsuke* ('ondersteunen'), stelt gebruikers in staat om werkplaatsen, werkruimten en pauzes van werknemers beter te beheren. Het doel is de professionele ruimte beter te organiseren om de werkomstandigheden van de teams te verbeteren.

- **Kanban** is een Japanse term voor een label dat wordt aangebracht op een partij onderdelen in een productielijn en dat terugkeert naar het beginpunt zodra alle onderdelen zijn gebruikt. Dit hulpmiddel wordt gebruikt in een "shot" productiestroom, wat betekent dat de productie ofwel wacht of opnieuw wordt opgestart ("shot") zodra alle eerder verzonden onderdelen dankzij Kanban zijn gebruikt.

- **PDCA,** voor Plan, Do, Check en Act, is een cyclische kwaliteitsverbeteringsmethode, zoals Kaizen.

- **TQM (Total Quality Management) is** een concept van kwaliteitsbeheer dat erop gericht is alle leden van het bedrijf te betrekken bij het streven naar kwaliteit, door verspilling en afkeuring te vermijden en zo te komen tot nul gebreken.

- **TPM (Total Productive Maintenance) is** een proactieve methode voor het beheer van werkinstrumenten in de productielijn die de werknemers aanmoedigt om zelf problemen met de door hen gebruikte machines te voorzien en op te lossen.

- **Just-in-time (JIT) manufacturing** is een productiebeheersmethode die een organisatiesysteem voorstaat waarbij geen enkel onderdeel (nodig voor de productie van een toekomstig product) vooraf wordt opgeslagen. Elk onderdeel komt veeleer op de plaats van ontwerp, op de juiste plaats en op het juiste moment, zodat het onmiddellijk kan worden gebruikt. Deze techniek, die bijzonder goed combineert met de Kanban-methode, maakt het mogelijk de voorraden te beperken, aangezien de productie pas begint als er vraag is.

- **De 5 nullen** is een kwaliteitsmanagementconcept ontwikkeld door Toyota. Het pleit voor totale kwaliteit in een productielijn (nul tijd, nul papier, nul voorraad, nul storingen en nul gebreken).

AANBEVELINGEN

- Aangezien dit een continu proces is, wordt aanbevolen niet te stoppen nadat de eerste wijzigingen zijn aangebracht, maar de vastgestelde procedures voortdurend ter discussie te stellen.

- Aangezien alle werknemers moeten deelnemen aan de voortdurende verbeteringsprojecten, moet het management ervoor zorgen dat zij gemotiveerd zijn. Dit hangt met name af van de cultuur van het bedrijf, zodat de werknemers nauwlettend in de gaten moeten worden gehouden, zowel door de lijnmanagers als door de personeelsafdeling.

- Aangezien managers en projectteams ervoor moeten zorgen dat iedereen meedoet en gemotiveerd blijft, moeten zij worden opgeleid in Kaizen, teambeheer, groepsdiscussiebeheer en het leiden van kwaliteitscirkels.

- Aangezien het belangrijk is duidelijke er haalbare doelen te stellen, is het van vitaal belang deze voor en na de verandering zorgvuldig te meten.

- Aangezien het doel is de resultaten te maximaliseren, kan het de moeite waard zijn werknemers met verschillende vaardigheden erbij te betrekken, zodat iedereen de discussies verrijkt door zijn eigen expertise te delen.

PRAKTIJKVOORBEELD: TOKIO DELIGHT

Onze studie richt zich op een Japans restaurant in het stadscentrum, The Tokyo Delight. Het is een klein familiebedrijf, met een rustige Japanse sfeer, dat maaltijden aanbiedt om ter plaatse te eten of mee te nemen. Het restaurant is al enkele jaren open en kampt niet met grote financiële problemen, maar ondervindt wel enkele terugkerende moeilijkheden, vooral in de keukens.

Sommige medewerkers zijn niet helemaal tevreden met hun werk en klagen onder meer over de slechte sfeer daar. Er zijn nog geen stappen ondernomen om dit probleem aan te pakken, aangezien de managers van mening zijn dat alle restaurants met dit soort problemen te kampen hebben. De zoon van de manager, die de ambitie heeft om het restaurant over enkele jaren over te nemen, wil de problemen aanpakken en het functioneren van het etablissement zo snel mogelijk verbeteren.

Kaizen is perfect geschikt voor deze situatie, omdat het gaat om het corrigeren van enkele kleine bestaande problemen binnen een familiebedrijf dat over het geheel genomen goed draait.

Fase 1: Voorlopige analyse van The Tokyo Delight

We beginnen met de problemen waarmee de vestiging wordt geconfronteerd. Dankzij het Ishikawa-diagram kunnen de managers de oorzaken vaststellen en deze categoriseren.

Zodra de belangrijkste problemen zijn vastgesteld, kan het Kaizen-project van start gaan. De managers hopen zo veel mogelijk problemen op te lossen, met als doel de tevredenheid van de werknemers te verbeteren, wat zijn weerslag heeft op de tevredenheid van de klanten. Zo veroorzaakt het ruimtegebrek (vastgesteld tijdens het opstellen van het Ishikawa-diagram) opstoppingen in de keuken, wat op zijn beurt leidt tot langere wachttijden voor de klanten. Het team van obers wordt gedwongen om voor tijd te spelen tijdens het wachten op klanten, wat de algemene spanning regelmatig verhoogt.

De tweede stap is het kwantitatief en kwalitatief meter van de huidige problemen om later de gegevens te kunnen vergelijken. Hierbij komt niet alles aan bod, aangezien bijvoorbeeld het probleem van verstopte gootstener niet kan worden gemeten.

Ten slotte wordt een operationeel plan voor het Kaizen-project opgesteld. Hier is het beperkt tot één week:

- **Dag 1:** Voorbereidende analyse, berekening van menu-aanbod en bereidingstijden, tevredenheidsenquêtes van klanten en medewerkers.

- **Dag 2: Opzetten** van de kwaliteitscirkel, brainstormen om de belangrijkste ideeën voor verbetering vast te stellen.

- **Dag 3:** Uitvoering van de verbeteringen en berekening van de voorlopige resultaten.

- **Dag 4:** Uitvoering van de verbeteringen en berekening van de resultaten.

- **Dag 5:** Einde van de uitvoering van de verbeteringen en berekening van de eindresultaten. Debriefing, beloning voor de beste werknemer en feedback.

Fase 2: Werkgroepen en kwaliteitskringen kiezen

De tweede fase betreft de keuze van de werkploegen. Normaal heeft het restaurant alleen de twee managers, die vaak in de keuken bezig zijn, twee keukenhulpen en twee obers in de eetzaal. Ondertussen zorgt de zoon van de manager voor de kassa, de bestellingen en de afhaalmaaltijden. Omdat iedereen erbij betrokken is, vormen ze samen één kwaliteitscirkel. De ambitieuze jongeman, die het initiatief heeft genomen, traint zich in de Kaizen-techniek zodat het project goed verloopt.

Na een intensieve brainstormsessie komt het team uiteindelijk met een reeks maatregelen om de situatie te verbeteren. Helaas worden niet alle problemen opgelost; ze worden gewoon doorgeschoven naar het volgende Kaizen-project. Hieronder volgt de lijst van voorgestelde oplossingen, gesorteerd op basis van de categorieën in het Ishikawa-diagram.

Fase 3: Uitvoering en berekening van de resultaten

De derde fase is de kern van het project. Als de verbeteringen eenmaal zijn vastgesteld, hoeven ze alleen nog maar te worden toegepast. Aangezien het gaat om kleine incrementele veranderingen en niet om grote vernieuwingen, zullen drie dagen van tenuitvoerlegging meer dan genoeg zijn.

Vervolgens is het tijd om de resultaten te berekenen. Het verzamelen van de gegevens kan verscheidene dagen in beslag nemen. Om het proces te vereenvoudigen wordt in dit deel een samenvatting gegeven van de verkregen resultaten.

Fase 4: Debriefing en feedback

Ten slotte kan The Tokyo Delight beginnen aan de vierde en laatste fase van zijn Kaizen-project: de debriefingsfase. Uit de resultaten blijkt dat de tevredenheid van de werknemers met 30% is toegenomen. Dit is een van de belangrijkste doelstellingen van de Kaizen-aanpak. De restauranthouders hebben enkele verbeterpunten terzijde moeten leggen, maar die zullen later in een ander project worden aangepakt. Gehoopt wordt dat dit restaurant binnenkort een nieuwe verbeteringscyclus start om zijn dienstverlening voortdurend te verbeteren.

Merk echter op dat het in dit voorbeeld, waarin de veranderingscyclus en de ruimte voor verbetering relatief klein waren, niet nodig was de werknemers te begeleiden en te ondersteunen. Toch is het belangrijk om ieder van hen te feliciteren en het team te bedanken voor hun betrokkenheid. Zoals eerder gezegd, is de daaruit voortvloeiende motivatie noodzakelijk voor het succes van de toekomstige Kaizen-cycli.

Conclusie

Zoals wij hebben gezien, kan Kaizen worden toegepast op een zeer eenvoudig voorbeeld zoals het voorbeeld dat wij hebben gekozen.

Hoewel deze methode in de meeste bedrijven kan worden toegepast, mogen wij niet vergeten dat de cultuur van het bedrijf in hoge mate bijdraagt tot het succes van een Kaizen-project.

Hoewel de ondervonden problemen vrij algemeen waren en hadden kunnen worden samengevat als één algemeen probleem van werknemerstevredenheid, konden aan de hand van het Ishikawa-diagram de verschillende elementen van het probleem worden geïdentificeerd. Door de oorzaken te benadrukken en vooral door ze duidelijk te presenteren, bood deze stap een solide basis om vanuit te werken. Daar komt nog bij dat het nodig is de fasen gedurende het hele project te volgen, zodat het goed verloopt. Als verschillende verbeterpunten na het eerste Kaizen-project nog niet zijn aangepakt, kunnen tijdens een volgende Kaizen passende oplossingen worden bedacht. Bijvoorbeeld in het geval van het gebrek aan keukenruimte in The Tokyo Delight, kan het een goed idee zijn om ieders ruimte anders in te delen, zodat medewerkers elkaar niet in de weg lopen. Het belangrijkste is in gedachten te houden dat de verbetering continu moet zijn.

BEPERKINGEN EN UITBREIDINGEN

BEPERKINGEN EN KRITIEK

Hoewel Kaizen onmiskenbare voordelen heeft, is het onderwerp geweest van verschillende kritieken. De belangrijkste kritiek op deze aanpak, die eerder verbetering dan innovatie bevordert, is het feit dat hij niet alle problemen oplost: door voortdurend een product bij te schaven door wat al gedaan en veranderd is als uitgangspunt te nemen, kan niet alles gecorrigeerd worden. Soms is het nodig vanaf nul te beginnen en het hele proces opnieuw te ontwerpen om vanuit eer gezonde basis te kunnen werken.

Andere punten van kritiek op deze aanpak zijn de volgende:

- Hoewel Kaizen vlotte verbeteringen mogelijk maakt, is het belangrijk op zijn hoede te zijn voor veranderingen die "te vlot" zijn. Als een bedrijf achterloopt op zijn concurrenten wat betreft de producten en diensten die het aanbiedt, zullen kleine voortdurende verbeteringen niet voldoende zijn om snel marktaandeel terug te winnen. Als een concurrent bijvoorbeeld een nieuw en revolutionair type product lanceert, zal het waarschijnlijk moeilijk zijn Kaizen toe te passen op producten die in werkelijkheid verouderd zijn, om ze weer concurrerend te maken.

- De aanpak vereist een sterke motivatie en dus de volledige deelname van alle betrokkenen. In Japan is het begrip bedrijfscultuur in dit opzicht veel meer ontwikkeld en is de relatie tussen werknemers en management strikt en formeel. De betrokkenheid van werknemers is spontaan, en daarom is dit concept daar succesvol. In het Westen is dit principe niet altijd van toepassing. Als het wordt toegepast, kan een programma van beloningen en stimulansen nodig zijn om het succes van het Kaizen-project te verzekeren.

- Tenslotte kan Kaizen vanuit ethisch oogpunt worden aangevochten, als het onrechtvaardig wordt toegepast. De toepassing van Kaizen in een bedrijf kan, door de verbetering van een productieketen, de verhoging van de productiviteit en de vergroting van het concurrentievermogen, leiden tot een interne reorganisatie (ontslag van werknemers, enz.). Dit is een onbillijke verdeling van de voordelen van Kaizen. Logisch, als een bedrijf welvarender wordt, zou het meer werkzekerheid moeten bieden. In de praktijk gebeurt echter vaak het tegenovergestelde: nutteloos geworden functies worden opgeheven, wat leidt tot het ontslag van werknemers of hun herplaatsing in nieuwe functies die beter bij hun vaardigheden passen.

VERWANTE MODELLEN EN UITBREIDINGEN

Kaizen wordt vaak vergeleken met twee Japanse modellen: Kaikaku, een op innovatie gebaseerd instrument voor radicale veranderingen, en Hoshin, een op Kaizen gebaseerd instrument voor snelle implementatie. Meer in het algemeen kan Kaizen ook worden besproken naast Taylorisme en Fordisme, twee soorten werkorganisatie.

Het Kaikaku-concept

De Kaikaku-methode, die net als Kaizen uit Japan komt, wordt ook gebruikt voor kwaliteitsverbetering. Zijn naam, die gewoonlijk wordt vertaald als "radicale verandering" in een proces (vaak in de productie om de doeltreffendheid te verhogen), geeft niet langer een verlangen naar voortdurende verbetering weer, maar naar diepgaande innovatie. Hoewel de twee filosofieën vergelijkbaar zijn (in die zin dat zij beide gebaseerd zijn op verbetering), is Kaikaku geen continue methode, aangezien veranderingen worden aangebracht en voltooid als onderdeel van een specifiek project en met een specifiek doel voor ogen.

De Hoshin-benadering

Het Hoshin-proces, dat "richting beheer" betekent, is vrij gelijkaardig aan Kaizen, met het verschil dat het tijdgebonden is. Hoshin, ook Blitz Kaizen ("bliksem Kaizen") genoemd, is gebaseerd op zeer specifieke strategische veranderingen die zeer snel worden uitgevoerd. In de meeste gevallen is het doel binnen een beperkt tijdsbestek te reageren op aanzienlijke concurrentie. Het systeem verschilt van Kaizen, met name wat betreft de besluitvorming, die niet meer plaatsvindt binnen groepen van mondige werknemers, maar op managementniveau.

Taylorisme

Het Taylorisme is een uit de Verenigde Staten afkomstige wetenschappelijke arbeidsorganisatie, waarbij de methoden en bewegingen van werknemers worden bestudeerd en nauwkeurig gemeten om ze te optimaliseren. Het systeem, voor het eerst ontwikkeld door Frederick Winslow Taylor aan het eind van de 19e eeuw, lang voordat Kaizen werd geconceptualiseerd, streeft naar meer winst door optimalisering van de productiviteit en verbetering van de arbeidsomstandigheden van de werknemers. In de praktijk betekent dit dat elke werknemer eenvoudige, gestandaardiseerde en repetitieve taken uitvoert.

Fordisme

Dit systeem van arbeidsorganisatie, dat zijn naam ontleent aan de Amerikaanse industrieel Henry Ford (1843-1947), is gebaseerd op de postulaten van het Taylorisme en werd toegepast in de Ford-fabriek toen deze in 1905 werd geopend. Tegenwoordig vrijwel geheel verlaten, was het destijds gericht op de massaproductie van gestandaardiseerde producten (zoals het beroemde Ford Model T), wat resulteerde in lijnwerk en dus een hogere productiviteit. De arbeidsomstandigheden voor de werknemers van Ford waren altijd zwaar en moeilijk te verbeteren; alleen het loon kon dienen als bron van motivatie.

SAMENVATTING

- Kaizen is een continu verbeteringsproces dat werd ingevoerd door Taiichi Ohno, een Japanse ingenieur die wordt beschouwd als de vader van het Toyota Production System. Deze filosofie pleit voor kwaliteitsbeheer, vermindering van afval en verbeteringen in de productie.

- De Kaizen-methode kan worden toegepast op de meeste bedrijven, en maakt snelle en minimale verbeteringen mogelijk in een relatief korte periode en met een beperkt budget.

- Een van de belangrijkste voorwaarden voor een succesvol Kaizen-project is de motivatie en deelname van alle werknemers aan het project. De direct betrokken werknemers moeten de belangrijkste deelnemers zijn aan het Kaizen-project en het zoeken naar passende oplossingen.

- De toepassingen van het proces in het bedrijfslever hebben betrekking op de volgende punten:

    - kwaliteitsverbetering;

    - de verwijdering van afval;

    - lagere productie- en onderhoudskosten;

    - verhoogde productie;

    - verbeterde arbeidsomstandigheden.

- Kaizen stelt gebruikers in staat beperkte en soepele veranderingen door te voeren, wat de druk vermindert die de werknemers voelen. Andere voordelen zijn de snelheid waarmee verbeteringen worden toegepast en resultaten worden verkregen. Kaizen helpt ook de motivatie van het team te behouden en zoveel mogelijk risico's (financieel en technisch) te vermijden, aangezien lange en soms onzekere innovaties automatisch worden geëlimineerd. Ten slotte berust een succesvol Kaizen-project meer op de actieve deelname en positieve instelling van de werknemers dan op financiële investeringen.

- Critici van de aanpak wijzen op het gebrek aan innovatie in de veranderingen, de noodzaak van een sterke bedrijfscultuur en de soms oneerlijke verdeling van de voordelen van Kaizen (sociaal aspect).

- Kaikaku, dat "radicale verandering" betekent, is een concept dat het tegenovergestelde van Kaizen benadert. Het richt zich op diepgaande innovaties in plaats van kleine verbeteringen.

- Tenslotte is Kaizen een aanpak die andere instrumenten nodig heeft om te kunnen werken. Deze, vaak aan het Toyota Production System ontleende, werken op het niveau van kwaliteitsbeheer, just-in-time logistiek, de reorganisatie van werkruimten of het onderhoud van machines.

VERDER LEZEN

BIBLIOGRAFIE

Agence Nationale pour la Promotion de l'Innovation et de la Recherche au Luxembourg (2008) *Diagramme d'Ishikawa = diagramme cause-effet.* [Online]. [Geraadpleegd op 15 februari 2017]. Beschikbaar op: < http://www.innovation.public.lu/fr/innover/gestion-innovation/resolution-probleme/diagrammeishikawa-fr.pdf>

Chaoui, K. (2004) *Le concept-clé du zéro défaut en qualité.* Annaba: Universiteit van Badji Mokhtar.

Charraud, P. (2009) *Le Kaizen du service pièces en concession.* Parijs: Télécom ParisTech.

Granger, R. (2016) Les 5S: Seiri, Seiton, Seiso, Seiketsu, Shitsuke. *Manager GO!* [Online]. [Accessed 25 May 2015]. Beschikbaar via: < http://www.manager-go.com/management-de-la-qualite/methode-5s.htm>

HenryFord.fr (Geen datum) *Toyotisme.* [Online]. [Geraadpleegd op 25 mei 2015]. Beschikbaar op: < http://www.henryford.fr/fordisme/toyotisme/>

Hohmann, C. (Geen datum) Kaizen amélioration continue. *Christian Hohmann.* [Online]. [Geraadpleegd op 25 mei 2015]. Beschikbaar via: < http://christian.hohmann.free.fr/index.php/lean-entreprise/lean-management/289-kaizen-amelioration-continue>

Hohmann, C. (Geen datum) La méthode SMED. *Christian Hohmann.* [Online]. [Geraadpleegd op 25 mei 2015]

Beschikbaar op: < http://chohmann.free.fr/lean/smed_fr.htm>

Ishikawa, K. (1984) *La gestion de la qualité*. Parijs: Dunod.

Kamata, S. (2008) *Toyota, l'usine du désespoir*. Parijs: Demopolis.

Liker, J. (2012) *Le modèle Toyota*. Parijs: Pearson Education.

Ohno, T. (1990) *L'esprit Toyota*. Parijs: Masson.

Ohno, T. en Mito, S. (1992) *Présent et avenir du Toyotisme*. Parijs: Masson.

Porter, L. J. en Parker, A. J. (2006) *Total Quality Management. De Kritieke Succesfactoren*. Bradford: Universiteit van Bradford Management Centrum.

Processus Qualité (Geen datum) *L'approche Kaizen*. [Online]. [Geraadpleegd op 25 mei 2015]. Beschikbaar op: < https://processusqualite.wordpress.com/lapproche-kaizen/>

Régol, O. en Bélanger, R.P. (2003) *Le Kaizen : ses principes et ses conséquences pour les ouvriers et syndicats*. Montreal : Les cahiers du CRISES.

VIDEO'S

Lean = Kaizen + Respect. (2012) [Video]. Michael Ballé. Institut Lean Frankrijk. Beschikbaar op: < https://www.youtube.com/watch?v=OfswK6ebrt8>

Lean Services: oorsprong en voordelen. (2013) [Video]. Marie-Pia Ignace. Institut Lean Frankrijk. Beschikbaar op: < https://www.youtube.com/watch?v=aRQI9JAI-I4>

We horen graag van u! Laat
een reactie achter op jouw online bibliotheek
en deel je favoriete boeken op sociale media!

50MINUTES.com
MASLOW'S HIERARCHY OF NEEDS
Gain vital insights into how to motivate people
Personal accomplishment
Esteem
Belonging
Security
Physiologic
THE SWOT ANALYSIS
Internal factors
Strengths
Weaknesses
SWOT
Opportunities
Threats
External factors

Master ISBN: 9782808063944
Papier ISBN: 9782808064231
Wettelijk depot: D/2022/12603/68

Digitaal ontwerp: Primento,
de digitale partner van uitgevers.